mini häuser in japan

Atelier Bow-wow
F.O.B.A
Taira Nishizawa
Shin-ichi Okuyama,
Hitoshi Wakamatsu
Mitsuhiko Sato
Jun Tamaki

Herausgegeben
von Hannes Rössler
Mit Texten von
Thomas Daniell,
Taira Nishizawa,
Hannes Rössler und
Christoph Sattler

Verlag Anton Pustet Salzburg

Inhalt

3 Christoph Sattler
   Kleines Vorwort

4 Hannes Rössler
   Zwischenraumhaus – Hauszwischenraum

6 **Profile**

   Atelier Bow-wow
8 Mini Haus
12 Moca Haus

17 Thomas Daniell
   Re:Kontextualismus

   F.O.B.A
18 Aura
22 F.O.B HOMES

   Taira Nishizawa
26 Haus O-ta

31 Taira Nishizawa
   ›Kibo‹ – Anzahl und Größe

32 Haus Tachi-kawa

   Shin-ichi Okuyama, Hitoshi Wakamatsu
36 Haus in Soya
40 Haus in Kakinokizaka

   Mitsuhiko Sato
44 UME
48 SGW
52 HOD

   Jun Tamaki
56 Hakama
60 Rappa

64 Impressum

Christoph Sattler **Kleines Vorwort**

Ich bekenne ganz offen mein Gefühl der Irritation beim ersten Betrachten dieser kleinen japanischen Häuser. Ihre Unbestimmtheit und offensichtliche Vergänglichkeit widersprechen zutiefst unserem Streben nach Eindeutigkeit und Dauerhaftigkeit. Ich vermisse zunächst den Anteil, den solche Häuser für die städtische Öffentlichkeit leisten. Mir scheint dies ein Thema, in dem japanische und europäische Städte einander widersprechen. Aber gerade hier liegt die Chance für eine spannungsvolle Auseinandersetzung.

Die ›Minihäuser‹ junger japanischer Architekten beinhalten eine Botschaft an uns. Global gedacht wird das Raumproblem sicher eines der Hauptthemen des neuen Jahrtausends sein, und wir tun gut daran, endlich über Lösungen nachzudenken. Einerseits wächst dauernd unser Raumanspruch, andererseits weisen unsere technischen Entwicklungen in allen Bereichen in Richtung Minimalisierung. Während aber in der ›westlichen‹ Architektur die Eleganz minimalistischer Konzepte auf Klarheit und Reduktion im Raum und Detail beruht, bleibt bei der Betrachtung dieser Häuser ein unerklärlicher Rest, ein Geheimnis. Steht dahinter vielleicht ein anderer, uns unzugänglicher Begriff von Gestalt?

In der Vergangenheit war die westliche Wahrnehmung Japans vor allem ein ästhetischer Anlass. Auch in dieser Hinsicht dokumentieren die Arbeiten einen Szenenwechsel: Sie stellen uns Fragen nach den Maßstäben unseres Bauens und Denkens. Wenn wir heute von Nachhaltigkeit und Dauerhaftigkeit sprechen, rechtfertigen wir damit zugleich die gewaltigen baulichen Eingriffe der Gegenwart. Maßstäblichkeit als Gefühl für die Größenordnungen und die Vielfalt des Lebens werden in weiten Teilen unserer lösungsorientierten Zivilisation an den Rand gedrängt. Auch in dieser Hinsicht sind die scheinbar einfachen loft-artigen Häuser ein wesentlicher Schritt zu neuem integrativen Denken.

Ich freue mich darüber, dass das Projekt ›Minihäuser in Japan‹ uns in Europa und die Welt mit diesem anderen Denken konfrontiert.

Hannes Rössler **Hauszwischenraum – Zwischenraumhaus**

Kazuo Shinohara stellte fest: »Space as we conceive it today was unknown in ancient Japan.« Als ich in Japan ›Raum‹ suchte, wurde ich enttäuscht. Mein Koordinatensystem der Wahrnehmung fand keinen Nullpunkt. Die Beziehung architektonischer Körper untereinander bleibt als Eindruck oft unbestimmt und findet nicht als Form, sondern als Anordnung oder Überlagerung statt. Vielleicht ist es das, was für westliche Betrachter das Chaos japanischer Städte ausmacht, denn funktionell sind sie sehr geordnet, und auf der Ebene des Alltags vielleicht mehr als die europäischen.

Überrascht hat mich die Entdeckung von ›Zwischenraum‹, und es ging mir damit wie mit einem Vexierbild: Wenn die versteckte Figur einmal gefunden ist, bleibt sie bestimmend. Zwischenraum ist die ephemere Konstante japanischer Architektur und vielleicht der gesamten Ästhetik Japans: ob als Terrassen, die zum Garten überleiten, ob als Bereiche zwischen Wänden, als transitorische Formen der Wege und Schwellen. Wie in der japanischen Sprache missfällt Unmittelbarkeit auch in der Architektur dem Gefühl, und Funktionen oder Fakten stoßen nie unvermittelt aufeinander: Zwischenräume verbinden, formlos, ohne Funktion und voll von Möglichkeiten. Sie sind erlebbare Übergänge, und man spürt Aldo van Eycks kritische Feststellung zum Konzept moderner Architektur, dass ›Ort‹ mehr bedeute als ›Raum‹.

Die Wohnhäuser der jüngsten Generation japanischer Architekten sind purer Zwischenraum. In den Agglomerationen von Osaka und Tokyo gibt es keine Ressourcen unbebauter Flächen. Grau, betäubend dicht und gleichförmig bedecken Bauten und Straßen die Oberfläche bis zum Horizont. ›Minihäuser‹ zeigen unmögliche Möglichkeiten, sie sind das Paradigma der Enge des Raumes. ›Mini‹ ist hier nicht nur klischeehaft japanisches Thema, sondern urbane Realität. Als Nachkommen berühmter japanischer Bauten liegen sie im Schnittpunkt von Le Corbusiers frühem Maison Citrohan und Häusern von Neutra oder Eames. Von diesen unterscheidet sie jedoch, dass sie die Stadt bejahen, von jenem ihre Komplexität. Sie sind archaisch und futuristisch, radikal und raffiniert.

Weniger ist mehr:
Teehaus Myoki-an, Tai-an, Kyoto, von Senno Rikyu, 1582. Größe zwei Jyo (Tatami)

Ihre Entwürfe sind, entgegen dem ersten Anschein, nicht abstrakt, sondern thematisieren als eine Art Hyper-Realismus ihre Umgebung. Dabei ›vernähen‹ sie die Gegensätze, die sie umgeben. Das Aura-Haus von F.O.B.A ist absoluter Zwischenraum, der nur von einer dünnen Lichthaut umhüllt ist. Yoshiharu Tsukamoto und Momoyo Kaijima aktivieren ihn mit dem Volumen des Hauses, und geben ihn der Gemeinschaft zurück. Die zentrifugalen Konzepte lassen vom Kern aus offene Ränder in Beziehung zur Umwelt treten. Die Freiheit liegt nicht in den Möglichkeiten der Organisation und Konstruktion, sondern in den Möglichkeiten der Orientierung.

Auch innen sind die Häuser radikaler Zwischenraum. Alles ist ›uchi‹, das heißt ›Haus‹ und ›Innen‹. Offene Bereiche, Ebenen oder Boxen, gleichzeitig ›Funktion‹ und ›Erschließung‹, sind durch transparente Treppen miteinander verbunden. Statt dass Flure die Beziehung der Bewohner strategisch steuern, wird sie mit Durchblicken und Öffnungen gefiltert. Unschärfe ist – paradoxerweise – ihr sinnliches Merkmal. Jun Tamaki thematisiert den Zwischenraum zwischen Schichten der Umhüllung, die schließlich auch weggelassen werden können (wie bei Rappa-Haus). Mitsuhiko Sato ›faltet Zimmer‹, die sich dadurch selbst erzeugen. Shin-Ichi Okuyama, der das Haus als ›gigantisches Möbel‹ bezeichnet (und nicht als ›kleine Stadt‹, wie europäische Architekten), sieht es als beweglichen Schrank, praktisch und leer, ohne weitere Gradienten der Isolierung. Nicht nur die japanische Art zu wohnen – ohne Möbel und ohne Straßenschuhe – sondern auch die taktilen Flächen der Elemente lassen die Häuser viel größer wirken als sie tatsächlich sind. Nennt darum Thomas Daniell eine Galerie das »ultimative Tokyo-Haus«?

Takamitsu Azuma
Turmhaus, 1966, Tokyo

Im Schnittpunkt aktueller Recycling-Konzepte und traditioneller japanischer Ästhetik, als ›Container zum Wohnen‹ drücken die kleinen Häuser einen weiteren Aspekt von Zwischenraum aus. Es sind Strukturen auf Zeit, die sich an den Lebenszyklus ihrer Bewohner anpassen, Häuser mit Verfallsdatum, was Konstruktion und Kosten betrifft. Formale Bezüge zu Kisho Kurokawas Kapselhotel sind – zum Beispiel bei Taira Nishizawas O'ta Haus – deutlich, im Gegensatz zu den Bauten der 60er Jahre sind sie aber immer custom made. Die Häuser sind demontabel und ihre Materialien, wenigstens potenziell, wieder verwendbar. Ihre Vergänglichkeit ist ihre Schönheit.

Worte wie ›öffentlich‹ oder ›privat‹ haben in Japan eine andere Bedeutung, und es kommt mir so vor, als wären sie europäische Hypothesen, Erfindungen, die auch vergessen oder verbessert werden könnten. Sind nicht einerseits unser Bedürfnis, Individualität zu artikulieren, und andererseits der Wunsch nach Perfektion bis zur Distanziertheit zwei Seiten derselben Sache? Wenn die westliche Zivilisation dauernd die Einzigartigkeit ihrer Mitglieder betont, verliert sie nicht allmählich ihre Kontaktfähigkeit? Ich meine, dass diese Häuser in dieser Hinsicht den Text der modernen Architektur nicht nur als Fußnoten weiterschreiben, sondern ihn um einen neuen Aspekt erweitern: Zwischenraum als Moment der Berührung.

Tadao Ando,
Sumiyoshi Haus, 1976,
Osaka

アトリエ・ワン

Atelier Bow-wow

Yoshiharu Tsukamoto

1965	Geboren in Kanagawa
1987	Graduiert, Tokyo Institute of Technology, Fakultät für Architektur
1987-88	Gaststudent von L'ecole d'architecture, Paris, Bellville
1992	Atelier Bow-wow mit Momoyo Kaijima
1994	Promotion am Tokyo Institute of Technology
	Assistenzprofessor am Tokyo Institute of Technology

Momoyo Kaijima

1969	Geboren in Tokyo
1991	Graduiert an der Nihon-Frauenuniversität, Bachelor of Architecture
1992	Atelier Bow-wow mit Yoshiharu Tsukamoto
1994	Graduiert am Tokyo Institute of Technology, Magister der Architektur
1996-97	Stipendiatin an der Eidgenössisch-Technischen Hochschule Zürich
2000	Forschungsmitglied am Tokyo Institute of Technology

西沢大良

Taira Nishizawa

1964	geboren in Tokyo
1987	Graduiert am Tokyo Institute of Technology, Bachelor of Architecture
1987-93	Mitarbeit im Architekturbüro Kei-ichi Irie
1993	Architekturbüro Taira Nishizawa
	Lehrbeauftragter an der Tokyo Rika University und an der Nihon University

F.O.B.A

ist ein gemeinsames Architekturbüro in Kyoto. Gegründet 1995 von Katsu Umebayashi, geboren 1963 in Kyoto, und umfasst zur Zeit zwölf Mitglieder, alles Architekten. Projekte reichen im Maßstab vom Industriedesign bis zum Städtebau. Bauten umfassen Privathäuser, Wohnbauten, Geschäfte und Restaurants, Bürohäuser und Kunstgalerien.

フォブ・アソシエーション

Shin-ichi Okuyama

1961	geboren in Tokyo
1986	Graduiert am Tokyo Institute of Technology, Fakultät für Architektur
1989	Gemeinschaftsatelier Desk 5 mit Hitoshi Wakamatsu
1992	Promotion am Tokyo Institute of Technology
1995	Assistenzprofessor am Tokyo Institute of Technology

Hitoshi Wakamatsu

1960	geboren in Tokyo
1985	Graduiert am Tokyo Institute of Technology, Bachelor of Architecture
1985-89	Arbeit in verschiedenen Architekturbüros
1989	Gemeinschaftsatelier Desk 5 mit Shin-ichi Okuyama
1999	Architekturbüro Hitoshi Wakamatsu

Mitsuhiko Sato

1962	geboren in Kanagawa
1986	Graduiert an der Nihon University, Bachelor of Architecture
1986-92	Mitarbeit im Toyo Ito Architects & Associates
1993	Mitsuhiko Sato Architect & Associates

Jun Tamaki

1965	geboren in Kyoto
1989	Graduiert an der Kinki University, Master of Architecture
1989-91	Mitarbeit im Büro Ryohji, Tokyo
1992-95	Mitarbeit im Büro Kazuyuki Negishi, Kyoto
1996	Tamaki Architectural Atelier

Atelier Bow-wow アトリエ・ワン

Mini Haus ミニ・ハウス

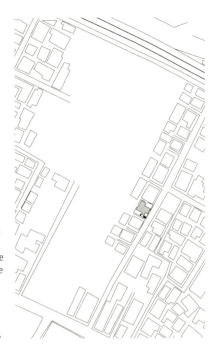

Das Grundstück liegt an einer schmalen Straße nach Osten und einer Sperrfläche für eine geplante Ringstraße nach Westen. Diese amtliche Planung zerstört das städtische Gefüge des dichten Wohnbezirks entlang der alten Kawagoer Straße, und es ist schwierig, sich vorzustellen, was einmal konkret geschehen wird. Die winzige Grundstücksgröße ist in Tokyo keine Ausnahme, trotzdem muss das Gebäude mit der unbeständigen Situation fertig werden. Dabei entscheidet das Gefühl von Distanz zwischen Architektur und Umgebung.

Für uns ist es wichtig, Sensibilität für die Ausrichtung und Bezüge über das Baugrundstück hinaus zu entwickeln, und den fließenden Aspekt positiv zu nutzen. Der dreigeschossige Haustyp hält Abstand zu den Grundstücksgrenzen, und hat Fenster und Vorsprünge in alle Richtungen – wie Arme und Augen. Wir wollen gleichzeitig am Entwurf der Innenräume arbeiten und daran, Außenräume wirksam werden zu lassen. Diese Wechselbeziehungen zeigen, was es bedeutet, in Tokyo Wohnhäuser zu bauen.

Architekten **Atelier Bow-wow**
Projektname **Mini Haus**
Bauzeit **April bis Oktober 1998**
Standort **Nerima-ku, Tokyo**
Programm **Einfamilienhaus**
Grundstücksfläche **77 m²**
Grundfläche **41 m²**
Geschossfläche **90 m²**
Konstruktion **Stahlskelett, Keller Stahlbeton**

Schnitt, Ansichten

Erdgeschoss, Obergeschoss, Dachgeschoss

Atelier Bow-wow　　　アトリエ・ワン

Atelier Bow-wow　アトリエ・ワン

Moca Haus　モカ・ハウス

Dicht umgeben von Nachbargebäuden, grenzt das schmale Baugrundstück von 5,50 auf 8,20 Meter nördlich an einen Bahnsteig. Wenig Sonne, Lärm und Erschütterungen von der Schnellbahn sind zwar eklatant schlechte Wohnbedingungen, aber die unmittelbare Nachbarschaft zur Shinjuku-Haltestelle ist attraktiv genug für Großstadt-Singles: Hier ist ihr Apartmenthaus!

Geltenden Vorschriften über Bauhöhen, Abstandsflächen und Brandschutz entspricht am besten ein Turm mit Lücken zu den Nachbarn. In diesem versorgen Leitungen, Fluchtwege und Treppen das Gebäude direkt über die Brandwände; typische Elemente von Apartmenthäusern wie Korridore, Balkone oder Installationsschächte fehlen.
In die geforderte Neigung des oberen Teils der Hauptfassade ist eine Maisonette-Wohnung im dritten und vierten Geschoss eingepasst. Im ersten und zweiten Geschoss gibt es Einzimmer-Apartments, ebenerdig einen Laden.

Um die Konstruktion vor Staub und Luftverschmutzung zu schützen, sind alle Außenflächen mit Feuerschutzplatten bekleidet, Hauptfassade und Dach zudem mit Schiefertafeln. Die Innenräume werden durch Betonoberflächen und die präzise Anordnung der Flächen und Einbauten bestimmt. So konnten selbst an dieser Stelle interessante Räume für Singles geschaffen werden – sie sollen einfach Großstadtgefühl ausdrücken.

Architekten **Atelier Bow-wow**
Projektname **Moca Haus**
Bauzeit **Februar bis Juli 2000**
Standort **Nakano-Ku, Tokyo**
Design Team **Yoshiharu Tsukamoto, Momoyo Kaijima und Shun Takagi**
Programm **Apartmenthaus mit Laden**
Grundfläche **30 m²**
Geschossfläche **124 m²**
Konstruktion **Stahlbeton**

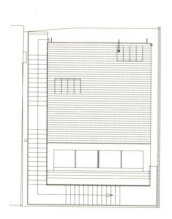

13

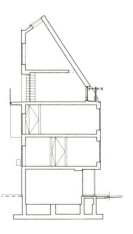

Atelier Bow-wow　アトリエ・ワン

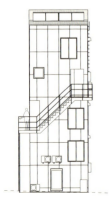
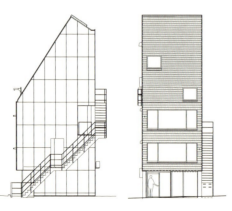

Ansichten, Schnitt

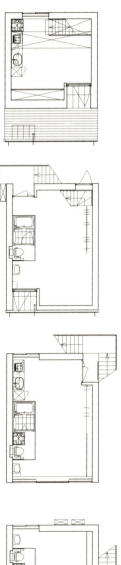

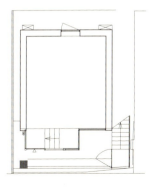

Maisonette oben
Maisonette unten
2. Obergeschoss
1. Obergeschoss
Erdgeschoss

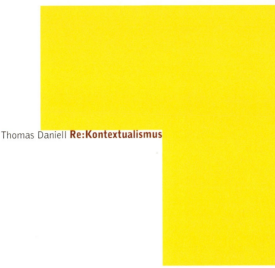

Thomas Daniell **Re:Kontextualismus**

Wenn wir japanische Architektur der letzten Jahrzehnte genauer ansehen, können wir mindestens drei etablierte Methoden erkennen, um auf den städtischen Kontext zu reagieren:

Rückzug – Zurücktreten hinter reine Wände in Stille und Einsamkeit, offen nur zum Himmel.
Reflexion – Nachahmen der Bruchstücke und des Lärms der Stadt ringsum.
Verschmelzung – Sich auflösen im kaleidoskopischen Nebel aus Neon, Verkehr und Regen.

Jede Auffassung, wie feinfühlig oder kritisch auch immer, ob Tadao Andos Introversion, Shin Takamatsus Aggression oder Toyo Itos ›Akt des Verschwindens‹, ist letztlich doch ein Ausweichen, niemals eine Festlegung. Kontext wird als allgemein äußerliche Bedingung behandelt, nicht als spezifische Anordnung von Objekten und Räumen. Was die Begleitrhetorik auch sagt, die Architektur bleibt selbstbezogen, isoliert von und gleichgültig gegenüber den Nachbarn – bei dem gegebenen ›Chaos‹ japanischer Städte vielleicht eine angemessene Haltung.

Aber das ist Vergangenheit. Wenn das ungleichartige Werk der japanischen Architekten, die jetzt um die 35 Jahre alt sind, ein gemeinsames Thema hat, so heißt es ›kontextuelle Bezüge‹; nicht als Ablehnung der Methoden ihrer Vorgänger, die auch ihre früheren Lehrer und Chefs waren, sondern als unvermeidlicher Prozess von Erweiterung und Überarbeitung.

Während das befestigte Äußere und das abgeschottete Innere dieser früheren Beispiele noch immer gegenwärtig sind, gibt es ein neues Gefühl von Transparenz. Innen und Außen werden versuchsweise rückgekoppelt. Form wird als Antwort auf anschließende Gebäude entwickelt, Innenraum visuell mit Ausblicken ins Freie und Innenhöfen verbunden. Selbst wenn es keine eigentlichen Fenster gibt, werden kontextuelle Bezüge erzeugt und aufrecht erhalten durch Vorsprünge oder Durchstöße, Zwischenräume oder durchscheinende Außenhäute: Kontextualismus in jeder Hinsicht, nur nicht ästhetisch.

Es trifft zu, dass viele dieser Bauwerke in suburbanen Schlafstädten liegen, und nicht in den überfüllten Stadtzentren. Der Kontext ist hier freundlicher, offener, großzügiger. Es trifft ebenfalls zu, dass im Japan des Post-Wirtschaftsbooms Baubudgets niedriger sind, und daher Materialien einfacher, Oberflächen rauher, und, was vielleicht am wichtigsten ist, Räume knapper. Ohne Platz für räumliche Ausformung müssen Vielschichtigkeit und visuelle Anreize oftmals von außen ›geborgt‹ werden.

Schließlich – ist es vielleicht Bescheidenheit?: Trotz gelegentlicher Monumentalität verschwindet nach und nach das Beharren auf individueller Autorschaft und isolierten Objekten: diese Gebäude wollen Teil einer Straße sein, einer Stadt, einer Gemeinschaft. Man fühlt sich als Solist oder als Ensemblespieler gleich wohl, und gerade das verdient Beifall.

F.O.B.A フォブ・アソシエーション

AURA オーラ

In der amorphen Vielschichtigkeit von Zentral-Tokyo ereignet sich städtische Struktur in Maßstäben, die für Fußgänger nicht mehr wahrnehmbar sind. Formen sind entweder unzusammenhängend oder bedeutungslos; die Stadt wird als Abfolge von Innenräumen erlebt.

Hier braucht ein Haus keine Ausstattung: Geh ins Restaurant zum Essen, geh ins Sento (Volksbad) zum Baden, geh ins Fitnessstudio zum Trainieren, geh ins Kino zur Unterhaltung. Irgendwie ist eine Galerie das ultimative Tokyo-Haus: Ein leerer, nach innen gerichteter Raum, vielleicht mit ungewöhnlichen Tageslichteffekten ...

AURA ist auf einem typisch japanischen ›Eulennest‹-Grundstück errichtet: Eine drei Meter breite und zwanzig Meter tiefe Gasse. Die Herausforderung ist dabei, Licht und Luft in die Hausmitte zu bringen. Statt den traditionellen Tsubo-Niwa (Innenhof-Garten) einzusetzen, wollten wir sowohl das Licht, als auch die Geschossfläche maximal nutzen.

Auf beiden Seiten des Grundstücks wurden Stahlbetonwände errichtet und eine transluzente Membran dazwischen gespannt. Die identischen, aber gegenläufigen Kurven der Wände erzeugen eine mehrfach gekrümmte Fläche, um das Gewebe auf Zug zu halten. Zylindrische Stahlbetonbalken verstreben die Wände. Die gegenläufigen Sattellinien bedingen, dass sich die Ausrichtung der Balken über die Gebäudelänge dreht – entgegen dem Anschein eine vernünftige strukturelle Lösung. Die textile Dachhaut filtert tags das Sonnenlicht, und leuchtet bei Nacht: Das Gebäude pulsiert und »atmet« Licht im 24-Stunden-Rhythmus der Stadt.

Privatheit ohne Nutzungen. Raum ohne Form.

Architekten **F.O.B.A**
Projektname **AURA**
Bauzeit **November 1995 bis März 1996**
Standort **Minato-ku, Tokyo**
Design Team **Katsu Umbeyashi mit Kazuo Kobayashi**
Programm **Einfamilienhaus**
Grundstücksfläche **77 m²**
Grundfläche **46 m²**
Geschossfläche **122 m²**
Konstruktion **Stahlbeton**
Fiberglas-Dachmembran

F.O.B.A フォブ・アソシエーション

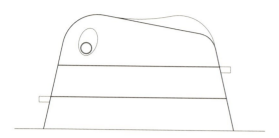

Ansicht

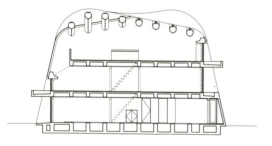

Schnitt

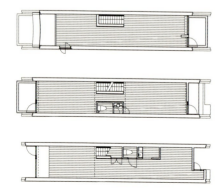

2. Obergeschoss
1. Obergeschoss
Erdgeschoss

F.O.B.A

Erdgeschoss, Obergeschoss

Architekten **F.O.B.A**
Projektname **F.O.B HOMES 1**
Bauzeit **Oktober 1999 bis März 2000**
Standort **Suita-shi, Osaka**
Design Team **Katsu Umebayashi mit Kazuo Kobayashi**
Programm **Einfamilienhaus**
Grundstücksfläche **275 m²**
Grundfläche **107 m²**
Geschossfläche **128 m²**
Konstruktion **Stahlbeton**

F.O.B HOMES

フォブ・アソシエーション

Gleichförmige, serienproduzierte Baukasten-Häuser bestimmen den neuen japanischen Wohnbau. Die Kataloge der Hersteller zeigen ausnahmslos Häuser im ›westlichen Stil‹, eingeschlossen in üppige Gärten. In Wirklichkeit sind sie vermutlich in schmale Bauplätze eingeschlossen, und die Fenster schauen direkt auf die Wände der Nachbarn.

Wir sind uns bewusst, dass es keinen Einfluss auf die allgemeinen Bedingungen des Wohnungsbaus hat, Einzelhäuser für vermögende Kunden zu bauen, und haben uns für Möglichkeiten einer alternativen Serienfertigung interessiert: ›F.O.B Homes‹.

F.O.B Homes 1 liegt in einer typischen vorstädtischen Gegend nördlich von Osaka City. Zu sehen ist ein geschlossener Körper, eine hermetisch weiße Masse, die das Grundstück ausfüllt. Reine Außenwände ›schenken‹ die Räume ringsum den Nachbarhäusern, die Ungestörtheit (und mögliche Aktivitäten) innen und außen sehr verbessern, selbst wenn sie nicht betretbar sind.

Architektonisch basiert das F.O.B Homes-System auf zwei Grundprinzipien: Innenräumlicher Kontinuität und Gebäudevolumen, die Außenbereiche umschließen. Verschränkte L-förmige Räume (die um die Ecke verschwinden) und Hofgärten (die überall im Haus sichtbar sind) erzeugen subjektive, wenn nicht sogar wirkliche Weitläufigkeit.

Das F.O.B Homes System versucht, modernistische Ästhetik (minimale weiße Boxen) und modernistische Ideologie (demokratisches, bezahlbares Design) wieder zu verbinden. Wir schließen hier an ein Vermächtnis an, das mehr Fehlschläge als Erfolge enthält, verursacht entweder durch den Pakt mit der reichen Oberschicht, wie bei den Case Study Houses in Californien, oder durch völlige Unbewohnbarkeit, wie bei Le Corbusier in Pessac.

Sind solche Wünsche nur in Japan verständlich?

F.O.B HOMES 6

F.O.B.A　　　フォブ・アソシエーション

F.O.B HOMES 1

Taira Nishizawa 西沢大良

Haus O-ta 大田のハウス   Das Haus steht in einem Stadtviertel, in dem Wohnhäuser, Geschäfte, Fabriken und mittelgroße Hochhäuser zusammengewürfelt sind. Der Parkplatz auf der Südseite ist über die gesamte Länge des Grundstücks abgesenkt und das schmale, lange Gebäude steht in der Mitte des übriggebliebenen Grundstücks. Der Außenbereich des Hauses wird als Zugang und Lagerfläche benutzt, über dem Parkplatz schwebt ein stählernes Dach, das gleichzeitig als Terrasse und Garten genutzt wird.

Das zweigeschossige Gebäude ist nur 3 Meter schmal, die Geschosshöhe beträgt 4,2 Meter, die lichte Raumhöhe 3,7 Meter. Über eine Stahlkonstruktion im Erdgeschoss

legt sich das Obergeschoss in japanischer Holzbauweise und gliedert so den Baukörper vertikal. Vier große Zimmer sind auf die beiden Geschosse verteilt (Wohnküche und japanisches Zimmer im Erdgeschoss, zwei Schlafzimmer im 1.Obergeschoss). Jedes Zimmer schirmt sich in gleicher Weise durch ruhige, große Wandflächen von der äußeren Umgebung ab.
Die Zimmer sind lang und schmal, dafür aber sehr hoch, Licht und Luft füllen die hohen Räume, durch die Fenster sieht man den blauen Himmel. Alle Merkmale der inneren Struktur sind durch Gebäudeanordnung und Raumaufteilung zustande gekommen.

Auf den weißen Außenwänden des 1. Obergeschosses spiegeln sich die Dächer der Nachbarschaft und der Himmel wider, während auf den silbernen Wänden des Erdgeschosses die Passanten und die Pflanzen über dem Parkplatz lebhafte Schatten werfen.

Architekt **Taira Nishizawa**
Projektname **Haus O-ta**
Bauzeit **Dezember 1997 bis September 1998**
Standort **Ota-ku, Tokyo**
Programm **Einfamilienhaus**
Grundstücksfläche **107 m²**
Grundfläche **37 m²**
Geschossfläche **88 m²**
Konstruktion **Erdgeschoss: Stahlkonstruktion**
1. Obergeschoss: japanischer Holzskelettbau

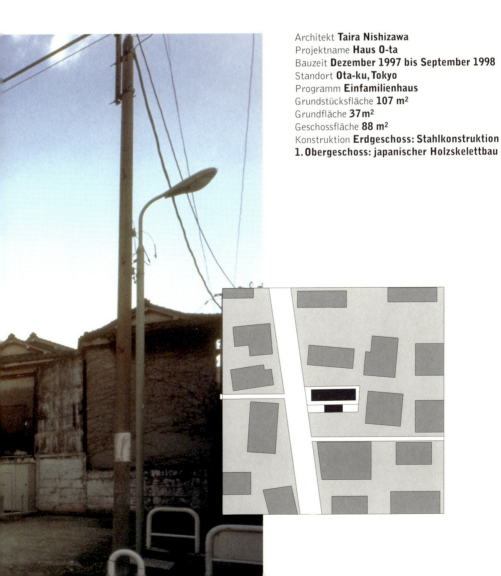

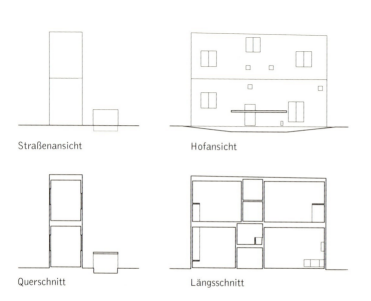

Straßenansicht

Hofansicht

Querschnitt

Längsschnitt

Taira Nishizawa 西沢大良

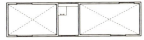

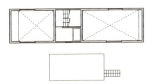

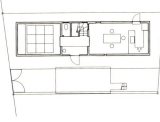

Zwischengeschoss
Obergeschoss
Zwischengeschoss
Erdgeschoss

Taira Nishizawa **›Kibo‹ – Anzahl und Größe**

Übertragen von
Dr. Monika Wacker
und Hannes Rössler

In der zweiten Hälfte des 20. Jahrhunderts erfahren die Städte erhebliche Veränderungen. Außer touristische Ziele verschwinden in Japan immer mehr traditionelle Bauten und stattdessen werden unzählige neue erstellt. Dieselbe Tendenz kann man, wenn auch in anderen Formen, seit Beginn der 50er Jahre überall in der Welt beobachten, sie ist Teil der Modernisierung. Ich möchte zeigen, dass wir, was moderne Denkmuster betrifft, einen Unterschied zwischen Tatsachen und Vorstellungen erfahren haben.

Ein wichtiges Merkmal dafür könnte die ›Anzahl‹ sein: Beispielsweise gibt es diese Vergleichsdaten: Die Anzahl der jährlich in Japan neu gebauten Wohnungen nimmt im letzten halben Jahrhundert zu, und 1987, am Höhepunkt, wurden etwa 1.700.000 Wohnungen gebaut. Auch wenn man heute von einer noch nie dagewesenen Rezession spricht, bleiben es immer noch jährlich 1.400.000 neu gebaute Wohnungen. Das entspricht der Zahl der Neubauten in den USA, obwohl dort die Fläche 25mal so groß, und die Bevölkerungszahl doppelt so hoch ist wie in Japan. Diese Zahlen zeigen, dass der Wohnungsbau heute nicht nur von Flächennutzung, Bevölkerungsdichte, Nutzungsgrad oder Funktionalität bestimmt wird. Diese moderne Denkweise muss neu überdacht werden, da einfache, lineare Abhängigkeiten nicht mehr bestehen. Mir erscheint es daher sinnvoll, zu einer Hypothese überzugehen: Die Diskussionen zur Moderne und der Modernisierung haben bis heute auf zwei Ebenen stattgefunden. Die eine Ebene ist die Moderne als ein ideales Modell, die andere Ebene betrifft die real entstandene Moderne. Wir kennen das Ideal sehr gut, aber die Realität noch nicht genügend. (…)

›Größe‹ – das Thema dieses Buches – könnte daneben ein weiteres wichtiges Merkmal sein. Nach dem Krieg begann der japanische Wohnungsbau mit extrem kleinen Häusern. Selbstverständlich entstanden nicht nur in Japan während der Modernisierung kompakte Wohnhäuser, bereits in den 30er Jahren gibt es hier einige Beispiele. Aber von diesen frühen Beispielen unterscheiden sich die Häuser der Nachkriegszeit durch eine irrationale Größenverordnung. Die amerikanische Militärregierung hatte die Wohnfläche eines Hauses auf unter 15 ›tsubo‹ (49 m²) begrenzt, obwohl durch die Kriegsschäden der Bedarf an Wohnraum sehr hoch war. Diese Größe ist nicht aus einer architektonischen Vorstellung abgeleitet, obwohl sie im nachhinein von den Architekten mit modernen Vorstellungen – funktionelles Leben, moderne Bautechnik und so weiter – angereichert wurde. So gab es 1948 einen wichtigen Wettbewerb für ein ›Volkshaus‹ unter 12 ›tsubo‹ (40 m²), an dem sich viele berühmte Architekten beteiligten. Während also Heinrich Tessenow aus seiner Vorstellung des Wohnens von Arbeitern die Hausgröße entwickelt hatte, und auch die kleinen Wohnhäuser im Vorkriegs-Japan dieses Muster verwirklichten, ist sie bei den Häusern der Nachkriegszeit nicht mehr aus der Funktion des Gebäudes ableitbar. Zwischen Funktion und Größe ist eine Lücke, Aufspaltung entstanden.

Mit den Begriffen von oben ausgedrückt, beschreibt diese Lücke den Unterschied zwischen modern und aktuell, oder zwischen idealen Vorstellungen der Moderne und deren Wirklichkeit. Weil die Flächenbegrenzung so streng war und die Häuser offensichtlich nicht nach modernen Idealen gebaut wurden, können wir diese Lücke heute bemerken. Damals beachtete man dieses Größenproblem, nachdem die Flächenbegrenzung der Militärregierung aufgehoben wurde, nicht mehr. Diese irrationale Erscheinung wurde zusammen mit anderen ›veralteten‹ Dingen verworfen und vergessen. Kurz nach dem Zweiten Weltkrieg gab es in Japan zugleich moderne Vorstellungen und eine Wirklichkeit jenseits davon. Ab 1950 wurden nur noch die modernen Vorstellungen verwirklicht, und in Japan kommt bis heute die kritische Untersuchung der Frage nach der Aufspaltung bei der Größe kaum voran.

Ich möchte daher folgende Fragen stellen: Was passiert, wenn Gebäude immer kleiner werden? Gelten moderne Vorbilder nur bei Gebäuden von einer funktionalistisch bestimmten Größe – und darunter nicht mehr? Und was die Anzahl betrifft: Was passiert, wenn immer mehr oder immer weniger Häuser gebaut werden? – Da nun Anzahl, Größe, Maßstab und Anordnung auf japanisch mit einem Wort ›kibo‹ (Dimension) heißen: Lassen sich, zusammenfassend und ganz vereinfacht gesprochen, mit ›kibo‹ unsere modernen Denkmuster hinterfragen?

西沢大良

Haus Tachi-kawa

立川のハウス

Das Haus steht in einem Wohngebiet in einem Vorort von Tokyo. Das kleine fächerförmige Grundstück ist zwischen einen Keyaki-Hain und eine Straßenkurve eingezwängt. Das Gebäude ist an die Straße im Nordwesten gerückt, mit Abstand zum Nachbarhaus im Süden und mit Blick auf den Keyaki-Hain im Osten. Es hat die Gestalt einer kleinen Schleife, und während die ruhige Straßenseite von der Außenwelt abgeschirmt ist, kann man von jeder Stelle des Gebäudes aus den Garten und den Hain betrachten. In die straßenseitige Wand wurde ein tunnelförmiger Durchgang zum Parkplatz im Garten hin eingeschnitten. Von der Straße aus ist jenseits des Tunnels, der das Gebäude durchsticht, der blaue Himmel sichtbar.

Der Entwurf dieses kleinen Hauses beruht wesentlich auf der Vorstellung von Umriss und Tunnel. Im Erdgeschoss befindet sich ein großes Gemeinschaftszimmer, aber der Tunnel, der im Zimmer als Körper wieder auftaucht, teilt es in eine Wohnküche und ein Audio-Zimmer. Der Fußboden und die Oberfläche des Tunnels sind mit dem gleichen blauen Linoleum bedeckt. Wenn man vom Scheitel des Tunnels die Treppe hinaufsteigt, gelangt man durch eine schwarze Zone in die Privaträume im 1. Obergeschoss. Beide Geschosse sind in japanischer Holzskelettbauweise ausgeführt. Aber um im Erdgeschoss auf Innenstützen zur Aussteifung zu verzichten, habe ich einen Strebepfeiler aus Rundstahl nach außen gestellt. So entsteht ein stützenfreier Raum mit einer Gesamtlänge von 15 Metern.

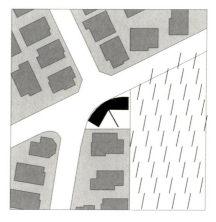

Architekt **Taira Nishizawa**
Projektname **Haus Tachi-kawa**
Bauzeit **August 1996 bis Januar 1997**
Standort **Tachikawa-shi, Tokyo**
Programm **Einfamilienhaus**
Grundstücksfläche **121 m²**
Grundfläche **48 m²**
Geschossfläche **96 m²**
Konstruktion **Holzskelettbau, Außenstütze Stahl**

Taira Nishizawa　西沢大良

Obergeschoss

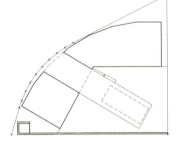

Straßenebene

Erdgeschoss

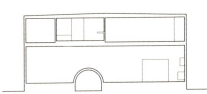

Längsschnitt

Querschnitt

Haus in Soya 曽谷の家

Shin-ichi Okuyama, Hitoshi Wakamatsu

Das Grundstück ist besonders klein und schief, daher kann dieses Haus keine gewöhnliche Form haben. Aus diesem Grund habe ich nach einer Möglichkeit gesucht, einen autonomen Teil zu schaffen, der die schwache Gesamtform vervollständigt: Da ist das 2,2 m² große Treppenhaus, das im Zentrum steht. Dieses Treppenhaus ermöglicht verschiedene Funktionen im nicht unterteilten Hauptraum, indem es an einigen Stellen als Fußboden oder als Untersatz für ein Faxgerät oder als Vorratsschrank für Lebensmittel ›die Fühler ausstreckt‹. Durch die klare Form des Treppenhauses bleibt die Bedeutung des Raumes bestehen, selbst wenn die Außenhaut sich ändert.

Als ich den Entwurf fertiggestellt hatte, merkte ich, dass der Begriff ›giant furniture‹ beim Haus in Kakinokizaka eine Methode war, um zu zeigen, dass der Architekt auch in der engen Situation heutiger Städte eine Ausdrucksmöglichkeit hat.

Architekt **Shin-ichi Okuyama, Hitoshi Wakamatsu**
Projektname **Haus in Soya**
Bauzeit **Januar bis Juni 1998**
Standort **Ichikawa-shi, Chiba**
Design Team **Shin-ichi Okuyama, Hitoshi Wakamatsu, Naoki Asakura**
Programm **Einfamilienhaus**
Grundstücksfläche **89 m²**
Grundfläche **47 m²**
Geschossfläche **104 m²**
Konstruktion **Holzskelett**

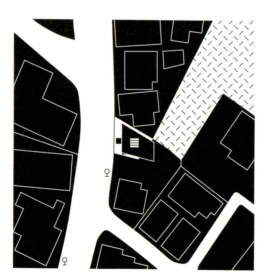

奥山信一・若松均

Shin-ichi Okuyama, Hitoshi Wakamatsu

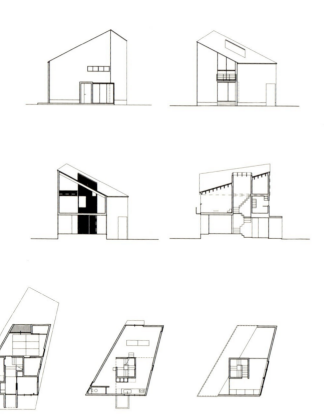

奥山信一・若松均

奥山信一・若松均

Haus in Kakinokizaka　柿木坂の住宅

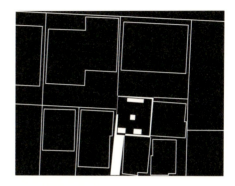

Ein kleines Haus für eine vierköpfige Familie, ist auf allen vier Seiten von Nachbarhäusern umgeben. Die einzige Verbindung zur Straße ist ein etwa 2 Meter breiter und 8 Meter langer Durchgang. Das Gebäude besteht aus einem einfachen, kistenförmigen Volumen, das durch die Grundstücksform und die Abstandsflächenregelungen bedingt ist. Im Erdgeschoss befinden sich der Bereich der Großmutter und alle Räume mit Wasserinstallation, im 1.Obergeschoss liegt der Hauptraum – die zweigeschossige Wohnküche –, in der die ganze Familie zusammenkommt. Dort habe ich die Schlafzimmer der Eltern und der Kinder an der Decke schweben lassen. Durch das große Oberlicht an der Südseite und die vielen Durchblicke übernehmen diese Zimmer unter dem Dach für die Wohnküche, die von der Südseite sonst kaum Licht erhält, die Funktion eines Umweltregulators. Das Volumen dieser Zimmer wurde in Form, Material und Details in einer möglichst schreinermäßigen Technik ausgeführt und ganz in Schwarz bemalt. So entsteht der Eindruck, dass sich in dem weißen Hauptraum ein einziges Möbelstück selbständig macht.

Architekt **Shin-ichi Okuyama, Hitoshi Wakamatsu**
Projektname **Haus in Kakinokizaka**
Bauzeit **Januar bis Juni 1995**
Standort **Meguro-ku, Tokyo**
Design Team **Shin-ichi Okuyama, Hitoshi Wakamatsu**
Programm **Einfamilienhaus**
Grundstücksfläche **74 m²**
Grundfläche **44 m²**
Geschossfläche **106 m²**
Konstruktion **Holzskelett**

Erdgeschoss, Obergeschoss, Dachgeschoss

Shin-ichi Okuyama, Hitoshi Wakamatsu　　奥山信一・若松均

Schnitte und Ansichten

Mitsuhiko Sato　佐藤光彦

UME 梅が丘の住宅

Wegen der enorm hohen Grundstückspreise sind bei Wohnhäusern in Tokyo heute Zimmer auf einer Ebene oft nicht mehr möglich und daher zwei Obergeschosse und ein Untergeschoss zum Wohnen allgemein üblich.

Dieses Haus auf einem Eckgrundstück an einer Geschäftsstraße hat jedoch nur 30 m² Grundfläche; sie diente den Eltern des Bauherrn als Parkplatz für drei Autos.

Arbeitszimmer, Schlafzimmer und Wohnzimmer, in jeder Hinsicht verschieden, sind einfach übereinander gestapelt. Dadurch, dass das Fußbodenniveau etwa einen Meter über der Erde liegt, ist die Grenze zur Straße abgemildert, und gleichzeitig erhält das Untergeschoss genügend Licht. Es gibt keine Einheit ›Haus‹ mehr, sondern die Zimmer selbst stehen unmittelbar der Außenwelt gegenüber. Nur eine transparente Wendeltreppe verbindet sie in gleicher Weise.

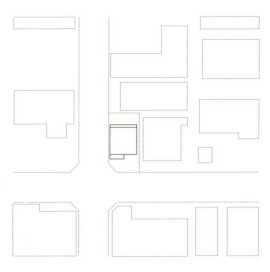

Architekt **Mitsuhiko Sato**
Projektname **UME**
Bauzeit **Oktober 1997 bis März 1998**
Standort **Setagaya-ku, Tokyo**
Programm **Einfamilienhaus**
Grundstücksfläche **78 m²**
Grundfläche **30 m²**
Geschossfläche **89 m²**
Konstruktion **Stahlskelett, Keller Stahlbeton**

Mitsuhiko Sato 佐藤光彦

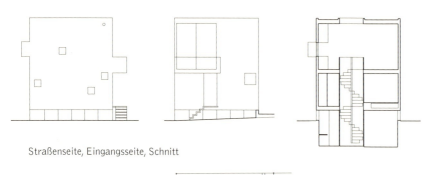

Straßenseite, Eingangsseite, Schnitt

Untergeschoss, Erdgeschoss, Obergeschoss

47

Mitsuhiko Sat

Kellergeschoss, Erdgeschoss, Obergeschoss, Ansicht, Schnitt

佐藤光彦

SGW　仙川の住宅

Architekt **Mitsuhiko Sato**
Projektname **SGW**
Bauzeit **Juni bis Oktober 1999**
Standort **Mitaka-shi, Tokyo**
Programm **Einfamilienhaus**
Grundstücksfläche **85 m²**
Grundfläche **39 m²**
Geschossfläche **97 m²**
Konstruktion **Stahlbeton und Holzskelett**

Das Haus in Sengawa wurde unter ähnlichen Bedingungen entworfen wie das Haus in Umegaoka. Das Grundstück liegt an einer stark befahrenen Straße gegenüber einem Apartmenthaus und einer Werkstatt. Hier wollte ich den Baukörper als Einheit erfassen und Grundriss und Schnitt so entwerfen, dass sie gegeneinander austauschbar sind.

Das Konzept ist einfach: Der Baukörper ist als Betonbox zum Teil eingegraben, und dadurch, dass eine Sperrholzbox hineingespannt wurde, sind drei Geschosse entstanden. Diese drei Ebenen und der Eingang sind durch eine Treppe verbunden. Im Untergeschoss befinden sich ein Übungsraum zum Tanzen und das Bad. Die Sperrholzbox im Erdgeschoss wird durch die Toilette in zwei Schlafzimmer unterteilt, und das erste Obergeschoss ist Wohnzimmer.

Dieses Haus besteht aus einem ›gefalteten‹ Zimmer.

Mitsuhiko Sato　佐藤光彦

51

Mitsuhiko Sato 佐藤光彦

HOD 保土谷の住宅

Das Haus wurde auf einem Grundstück an einem Nordhang in der Umgebung von Tokyo gebaut. Auf einer über drei Meter hohen Stützmauer an der Südseite des Grundstücks steht ein Haus und verstellt das direkte Sonnenlicht. Daher dachte ich zunächst daran, das Obergeschoss, das wenigstens den Blick nach Norden freigibt, zum Wohnzimmer zu machen. Aber dennoch habe ich es im Erdgeschoss angeordnet, um die Situation eines ruhigen Atriumhauses zu erreichen, die das deutlich störende Element der Stützmauer integriert. Das Wohnzimmer und der Innenhof sind mit einem Fußboden aus geschliffenem Terrazzo ausgeführt und bilden dadurch eine Einheit die nach Norden und nach Süden ganz geöffnet ist. Da das erste Obergeschoss die Breite des Erdgeschosses überspannt, habe ich mich entschieden, seine volle Raumhöhe für wandartige Träger zu nutzen. Durch die Träger, die Oberlicht und Toilette einrahmen, ist es in zwei Schlafzimmer geteilt.

Das Wohnzimmer, wie ein Atriumhaus, das den äußeren Raum mit einbezieht, die Schlafzimmer als Elemente zwischen der Struktur und die Dachterrasse, von der man in der Ferne den Berg Fuji sieht: die drei Etagen des Hauses brechen nicht auseinander, sondern sind zu einer Komposition von geschichteten Ebenen mit individuellem Charakter geworden.

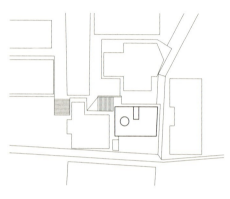

Architekt **Mitsuhiko Sato**
Projektname **HOD**
Bauzeit **Juni bis Dezember 1998**
Standort **Yokohama-shi, Kanagawa**
Programm **Einfamilienhaus**
Grundstücksfläche **148 m²**
Grundfläche **44 m²**
Geschossfläche **86 m²**
Konstruktion **Holzskelettbau**

Schnitt

Erdgeschoss, Obergeschoss, Dachterrasse

53

Mitsuhiko Sato 佐藤光彦

Jun Tamaki

玉置順

Hakama ハカマ

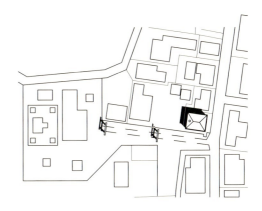

Das Gebäude hat eine Form wie ein durchbohrter weißer Klumpen. Seine äußeren Oberflächen sind verputzt, die inneren als Vorhang ausgeführt. Diese umschließen den zweigeschossigen Wohnraum.

Zwischen Innen- und Außenflächen liegen alle weiteren Zimmer. Die Abtrennung zum Hauptraum ist nur ein Gewebe.

Es war der Wunsch, dass die Zimmer nicht abgeschlossen sind und die Familie in einer lockeren Privatheit verbunden bleibt.

Architekt **Jun Tamaki**
Projektname **Hakama**
Bauzeit **Januar bis Juni 1998**
Standort **Uji-shi, Kyoto**
Programm **Einfamilienhaus**
Grundstücksfläche **99 m²**
Grundfläche **52 m²**
Geschossfläche **93 m²**
Konstruktion **Holzrahmenbau**

58 | **Jun Tamaki** 玉置順

Obergeschoss
Erdgeschoss

Schnitte

Ansichten

Jun Tamaki　玉置順

Rappa　ラッパ

Rappa ist ein Stadthaus, das auf einem extrem schmalen Grundstück gebaut wurde. Um einen Parkplatz freizuhalten, wurde das 1. Obergeschoss so konstruiert, dass das 8-Tatami-Zimmer auf der Straßenseite auskragt. Das Fenster habe ich in Abstimmung mit dem Nachbargebäude bis zur Straßengrenze heranrücken lassen. Seltsam ist aber, dass von außen – weil die Form sich trichterförmig öffnet – die Wand als dünne Haut erscheint.

Architekt **Jun Tamaki**
Projektname **Rappa**
Bauzeit **August 1996 bis Februar 1997**
Standort **Osaka-shi, Osaka**
Design Team **Jun Tamaki, Junzo Harada**
Programm **Einfamilienhaus**
Grundstücksfläche **65 m²**
Grundfläche **45 m²**
Geschossfläche **113 m²**
Konstruktion **Stahlskelettbau**

61

Jun Tamaki

Ansichten
Schnitt

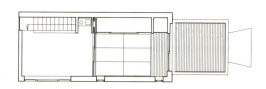

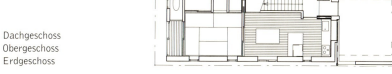

玉置順

Dachgeschoss
Obergeschoss
Erdgeschoss

Die Münchener Ausstellung findet unter der Schirmherrschaft des Deutschen Werkbundes Bayern und Stadtbaurätin Christiane Thalgott, Referat für Stadtplanung und Bauordnung München, statt.
Die Frankfurter Ausstellung steht unter der Schirmherrschaft des Deutschen Werkbundes Hessen und der Akademie der Architektenkammer Hessen.

Das Projekt wurde unterstützt von

Herausgeber Hannes Rössler

Redaktion
Birgit Huber
Jörn Kengelbach
Yoko Nomura
Hannes Rössler

Übersetzungen
Anne-Marie Leopold
Hannes Rössler
Dr. Monika Wacker

Gestaltung
Peter Langemann

Panoramen
Rakete GmbH
mit Brigitte Rampp

Druck und Bindung
Sellier, Freising

ISBN 3-7025-0417-6

2. verbesserte Auflage
© 2000 Herausgeber und Autoren

Verlag Anton Pustet Salzburg
Bergstraße 12, A-5020 Salzburg

Bildnachweis
Tadao Ando: 5 unten
Atelier Bow-wow: 6 oben, 10 unten, 13, 14
Thomas Daniell, F.O.B.A: 6 unten, 16, 21
Shigeru Hiraga: 26-30, 32, 34
Hiroyuki Hirai: 47, 50, 51, 55, 61, 62
Takashi Honma: 8 oben, 14, 15
Birgit Huber: 7 unten
The Japan Architect Co.,Ltd.: Umschlag, 35, 37, 40, 42-44, 46, 48, 53, 54
Jun-ichi Kato, F.O.B.A: 24
Toshiyuki Kobayashi: 22, 24, 25
Myoki-an, Tai-an: 4
Taira Nishizawa: 6 rechts
Shin-ichi Okuyama: 7 oben, 39 oben und unten, 42 links, 43 rechts
Mitsuhiko Sato: 7 rechts, 49
Kei Sugino: 56, 58, 59
TOTO Publishing: 5 oben
Tohru Waki: 18, 20